LES
COCOTTES
!!!!!

22

PARIS

CHEZ TOUS LES LIBRAIRES

—

1864

LES
COCOTTES

Paris.—Imprimé chez Bonaventure et Ducessois,
55, quai des Augustins.

LES

COCOTTES

!!!!!

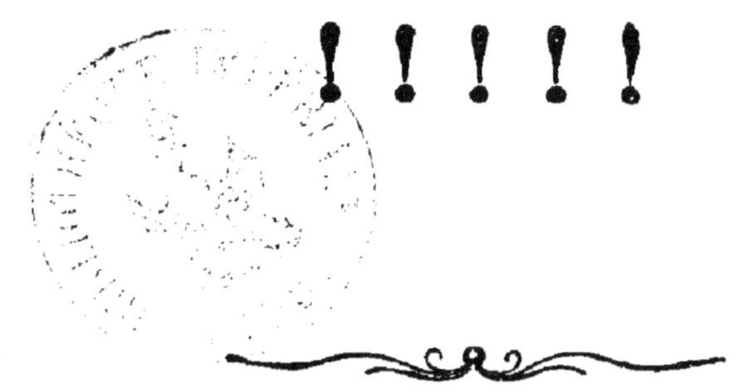

PARIS

CHEZ TOUS LES LIBRAIRES

—

1864

CHAPITRE PREMIER

DÉFINITION. — ORIGINES. — HISTOIRE.

Alexandre Dumas assistait à une représentation des Funambules.

— Pourquoi, demanda-t-il à l'ouvreuse du *balcon*, la pièce que l'on joue en ce moment s'appelle-t-elle le *Bœuf enragé?*

La brave femme répondit :

— Monsieur, *parce que c'est son titre.*

Que si, — dès le début, — vous nous posez cette question :

— Pourquoi les animaux à deux pieds, mais non sans plumes, dont vous vous êtes fait à la fois le Buffon et l'Etienne Carjat, se nomment-ils des COCOTTES ?

... Nous vous répliquerons naïvement, à l'instar de la surintendante aux petits bancs des *Funamb :*

— Monsieur, *parce que c'est leur titre.*

* *
* *

Comment, cette phrase ne satisfait pas votre appétit de curiosité, ogre-lecteur ?

Et voilà qu'ouvrant une mâchoire de trente-deux points d'interrogation affamés et aigus, vous exigez des raisons plus substantielles à broyer...

— Les étiquetez-vous COCOTTES, parce qu'*elles* ont le bec effilé, la patte leste, la robe éclatante, le gloussement caressant, la ponte facile?

... Ou bien parce qu'*elles* ressemblent à ces vocalises d'un goût douteux dont les Cico et les Montaubry d'opéra comique n'hésitent pas à brocher les plus magistrales partitions?

... Ou — encore — parce qu'*elles* sont comme ces amusettes en papier dont la confection économique récrée si fort les enfants de tout âge?

Car l'on a vu des gens dits sérieux, —

dits par eux-mêmes, bien entendu, — s'enfermer dans leur cabinet, sous pré- texte d'affaires graves, pour y fabriquer des *cocottes*.

Cette dernière des trois hypothèses nous paraît la plus acceptable.

Permettez, cependant...

Dans ce cas, il y aurait une diffé- rence :

Les hommes sérieux font les *cocottes* en papier.

Nos *cocot?es*, à nous, *font* les hommes sérieux.

La *cocotte* est le produit *insectueux* du

viol de la grisette d'autrefois par la lorette d'aujourd'hui.

Comme Jack Sheppard, dans M. d'Ennery, elle tient de ses *auteur*

De la grisette elle a conservé la rage folle du plaisir, l'insouciance du lendemain, l'esprit artificiel, le babil en tic-tac de moulin, les ribottes de sentiment, — et aussi l'élégance infuse du chiffon, les ruses mohicanes de la toilette et cet art fantasmagorique, familier aux décorateurs anglais, de faire paraître quelque chose là où il n'y a rien du tout.

A la lorette elle a pris la paresse, la gourmandise, la duplicité, l'insolence, la pépie des pièces de cent sous et l'émoussement des sens au profit des monstruosités et des vénalités de la passion.

Ainsi, elle n'est entretenue par personne.

Mais *personne* signifie *tout le monde*.

Elle vit d'elle-même.

Meretrix corpore corpus alit

Mais elle vit mal, — au jour le jour, — à la nuit la nuit.

Son *garni* est l'antichambre de l'appartement de la Barucci ou le vestibule de la préfecture de police, le stage de l'Opéra ou de Saint-Lazare, la préface de la Villa-Saïd ou de l'Hôtel-Dieu.

J'en ai connu une qui, tous les matins, après boire, voulait qu'on la conduisît à la Morgue.

— Que diable vas-tu faire là ? lui demandai-je.

— Voir si je n'y suis pas, me répondit-elle.

*
* *

Les *cocottes* peuvent se définir ainsi :

Les Bohêmes du sentiment,

Les Misérables de la galanterie,

Les Prolétaires de l'amour.

*
* *

Il est assez difficile de leur assigner une

ORIGINE

On lit dans l'*Epitome historiæ Græcæ* :

« *Origo Græcorum est antiqua et nobilis.* »

Ceci est assurément très flatteur pour MM. Calzado et Garcia.

Nos héroïnes n'en peuvent pas dire autant.

Elles datent d'hier.

Soit ; mais il y a tant de bonshommes qui dateront toujours de demain.

*
* *

Nous nous dispenserons pareillement de disserter sur leur

HISTOIRE

L'antiquité n'a pas connu les *cocottes*, elle qui a eu cependant de si mauvaises connaissances, — y compris Laferrière et Mlle Scriwaneck.

L'Athènes d'Aspasie, la Rome de Messaline habillent les grandioses nudités de leurs orgies d'une chlamyde de poésie, d'un pallium d'art, dont la richesse écraserait les folles amantes de nos Périclès de Bourse, de nos Claude d'estaminet.

Au moyen-âge, les *cocottes* s'appellent Jacqueline Ronge-Oreilles, la petite Macé ou Catherine de Vaucelles. Villon leur sert de Glatigny.

Puis l'éclair de leur ceinture dorée s'éteint dans la brume des siècles.

Plus tard, arrive la grisette, — charmant fossile des temps antémabilliens.

La grisette est ensevelie dans la robe de Mimi Pinson...

Baptisée par Roqueplan, décrite par les Goncourt et chantée par Nadaud, voici venir la lorette.

Tout papillon suppose une chrysalide, tout requin implique une dorade, tout Courbet sous-entend des rapins.

Chrysalide, dorade, rapin,— telle est la *cocotte*.

Accrochez à son individualité l'enseigne qu'il vous plaira, — musardine, biche, bébé, — qu'importe!

Rappelez-vous le fameux couteau de Jeannot, qui avait eu cinq lames et quatre manches et qui était toujours resté le même couteau.

CHAPITRE II

ETNOGRAPHIE. — GÉOGRAPHIE. — PHOTOGRAPHIE

Noé, — dit Moïse, l'un des savants précurseurs de M. Renan,— fut père de trois fils, dont la postérité peupla le monde.

Sem eut des enfants *jaunes;*

Cham, — des enfants *noirs;*

Japhet, — des enfants *blancs.*

Comme on n'avait pas encore inventé l'Amérique, nous ignorons quel fut l'auteur des Peaux-*Rouges.*

*
* *

Il y a donc quatre races d'hommes...

« Chez les femmes, a écrit une princesse, il n'y en a que deux : la BRUNE et la BLONDE. »

La *cocotte* n'est ni *blonde* ni *brune.*

Elle est *châtai-gne,* pour retourner contre elle son orthographe de fantaisie.

« C'est pourquoi, ajoutait un rapin, elle nous fait si souvent *marronner.* »

2

Chez les *cocottes*, la *rousse* est une exception.

La *négresse*, une rareté.

On admire au bal de la Reine-Blanche une *cocotte* dont les cheveux, incendiés de tons à la Rubens, rappellent ceux d'Hérodiade, de Madeleine et de Marie-Stuart. Nous ignorons le nom de cette belle-fille. C'est une Juive et un modèle... mais pas de toutes les vertus.

Il y aussi certaine négresse, qui ne se contente pas de fréquenter la Boule-Noire, comme sa couleur l'y autorise, mais que l'on rencontre partout, roulant ses yeux comme deux œufs dans la suie et coupant la nuit de son visage de l'éclair blanc de son sourire...

Si cette dona Juana d'ébène était un

don Juan, les hauteurs de la Sierra-Pigale ressembleraient bientôt à une succursale de la Guinée ou de Madagascar.

*
* *

Les *cocottes* n'ont pas de patrie proprement dite : elles viennent on ne sait d'où, et elles y retournent.

Leurs gisements principaux peuvent être relevés ainsi :

1° Tout l'espace compris dans un arc dont le bois accrocherait ses extrémités au bal Bourdon et au bal Dourlans, — Bastille et Arc-de-Triomphe, — et dont le boulevard figurerait la corde, en supposant que cet arc soit coupé vers le milieu par le Faubourg-Montmartre.

Cet espace englobe les quartiers Saint-Antoine, Popincourt, du Temple, — Belleville, Montmartre, Batignolles et la plaine Monceaux.

2° Un vaste carré fermé par la rue Montmartre, la rue de Rivoli, le Marais et le boulevard, *sçavoyr* : les Halles, le Temple, les rues Saint-Denis, Saint-Martin, etc., etc., etc.

La rive gauche en est totalement dépourvue.

Les *étudiantes* ne sont pas des *cocottes*. Nous n'en parlerons pas, et avec préméditation.

Lisez les *Dames du quartier latin*.

La Cité et les faubourgs Saint-Marceau et Saint-Jacques ne contiennent pareillement que fort peu de types pouvant représenter un intermédiaire entre l'*ouvrière* et la femme sans nom.

A l'Ecole-Militaire, les femmes ne sont plus un sexe, mais un corps d'armée : elles suivent leur drapeau.

SIGNALEMENT DE LA COCOTTE

CHEVEUX. . Copieux.
FRONT . . . Bombé, large, mais peu élevé.
NEZ. . , . . Camard ou cassé par accident.
YEUX. . . . Nuance fond de bouteille.
BOUCHE.. . Parfois incomplète, jamais de râtelier.
TAILLE. . . Etat du verre en fusion.
MAINS . . . Petites, maigres, ongles ébréchés.
PIEDS . . . 39, deuxième largeur.

Une cocotte soupait au *Café des Mous-*

quetaires avec l'un de nos plus intimes amis.

Entre — par curiosité sans doute — Mme Marguerite V..., de la haute *biche-rie* du quartier d'Antin.

Mme V... s'installe à une table avec le cortége de gandins qu'elle entraîne toujours dans le sillage de sa robe à quadruple étage de volants...

Puis elle ôte son chapeau...

Aussitôt, ce cri de circuler d'un bout à l'autre de l'établissement :

— Voyez donc les beaux cheveux !

La *cocotte* regarde.

— Tiens, dit-elle tranquillement, je les connais ces cheveux-là : ce sont les miens.

— Comment?

— Parbleu! c'est moi qui les ai vendus à cette dame, le mois dernier, pour m'acheter des bottines.

*
* *

Et, enlevant prestement son bonnet de *linge*, la fillette fait voir à l'assistance sa jolie tête ras tondue, mais où commençait à repousser avec violence un opulent regain des cheveux dont la moisson pavoisait la tête altière de Mme V...

*
* *

Une *cocotte* ordinaire représente à son début, au point de vue commercial, une valeur d'environ CINQUANTE-CINQ FRANCS, ainsi décomposée :

Filet en chenille.	2 75
Robe de fantaisie, dix mètres à 1 fr. 95. . .	19 50
Bottines	5 95
Boucles d'oreilles en vrai	14
Bagues, boutons de manchettes et croix de ma mère, en toc.	6 50
Col, chemise et bas	6
TOTAL	54 70

La *cocotte* a un porte-monnaie.

Celui-ci est une sinécure.

Il ressemble au quatrième officier de M. de Marlborough.

Parfois, une pièce de dix centimes s'échappe de son bas.

Enfants, n'y touchez pas !

Cette pièce-là est un fétiche chargé de lui porter bonheur.

CHAPITRE III

LES POULAILLERS

Un sergent de ville hèle une *cocotte* après minuit :

— Hé là bas! est-ce que nous n'allons pas bientôt nous coucher?

— Me coucher, moi? allons donc! Je ne me couche que quand je suis levée.

Un gandin demande à une *cocotte* :

— Où logez-vous?

— Pourquoi donc que j'aurais besoin d'avoir un logement?... S'il n'y avait pas de messieurs, je ne dis pas, — et encore !...

*
* *

Ces deux réponses d'une naïveté cynique donnent la mesure de la souveraine insouciance et de la profonde pénurie de nos héroïnes en matière de domicile.

On aurait tort pourtant d'en induire que toutes ont le dessous des ponts pour boudoir et les carrières de Montmartre pour salon.

Le dessous des ponts et les carrières

de Montmartre seraient joliment scandalisés !

Non...

Quelques-unes couchent quelque part.

Ce *quelque part* s'appelle :

1° UNE CHAMBRE MEUBLÉE,

2° UN GARNI.

*
* *

Abominables antiphrases !

Rien de moins meublé que la *chambre meublée*; rien de moins garni que le *garni*.

On trouve dans la *chambre* :

Un lit de fer ou de noyer, gréé d'une paire de draps trop courts, d'un matelas épais comme la galette du Gymnase et d'un couvre-pieds grand à l'égal du mouchoir d'un invalide et non moins malpropre;

Une glace,

Une table,

Deux chaises dépareillées,

Et quelquefois une toilette-*commode*, meuble ainsi dénommé parce qu'il ne l'est pas.

Dans le lit, les punaises tiennent leurs meetings. Les rideaux blancs mouchetés de rouge attestent de nombreuses Saint-Barthélemy de ces insectes.

La glace est chassieuse : lorsqu'on se regarde dedans, on a l'air de sortir des filets de Saint-Cloud.

La table boite. C'est peut-être une

qualité chez les femmes, — voyez mademoiselle de la Vallière ! — mais c'est assurément un défaut chez les meubles.

Le papier pend aux murs ; le carreau, vierge de frottage, est humide et glacé ; la cheminée fume. Sans doute est-ce parce qu'on n'y fait pas de feu.

Sur cette cheminée, à côté d'une pendule détraquée qui sonne des heures fantastiques, se coudoient un peigne, un jeu de cartes qui a traîné dans plusieurs corps de garde et du papier à cigarettes. Les visiteurs sont libres d'apporter du tabac.

Quelques photographies ornent cet intérieur, — celle du *premier*, entre autres.

A moins pourtant qu'il n'y ait pas eu de *premier*.

Ernest Blum disait à Rigolboche :

— A quelle époque as-tu perdu ton innocence?

— Est-ce que je sais? répondit-elle. Je ne me souviens pas de l'avoir jamais eue !

⁎
⁎ ⁎

Dans le *garni*, la couchette de bois manque absolument de rideaux, et le matelas est une paillasse.

Les draps y sont au linge ordinaire ce qu'est Victor Cochinat au reste des Parisiens.

Les murs pleurent le papier absent à froides larmes.

La toilette est remplacée par un

chaise où trône un saladier pour tout faire.

Le clocher voisin sert de pendule, et le dessous du lit de table de nuit.

La photographie représente généralement un militaire non gradé.

**
* *

Les *chambres meublées* et les *garnis* se louent à des prix fabuleux relativement à leur propreté et à leur confort négatifs, — prix payés d'*avance*, bien entendu, — les *chambres*, à la quinzaine, les *garnis*, à la semaine.

Qu'est-ce donc que les *cocottes* payent si cher en ces taudis ?

LA LIBERTÉ !

En vendant une certaine dose de liberté à un certain nombre de filles, une bourgeoise, qui entend les affaires, peut acheter à sa *demoiselle* un piano au bout de six mois et un notaire au bout de six ans.

* *
*

Les propriétaires des *cocottes* donnent le plus souvent à boire et à manger.

Donnent !

Encore une amère ironie !

Dans les *garnis*, une pancarte vous dit brutalement :

On monte du vin a la volonté du consommateur.

Dans les *hôtels meublés*, des garçons

intelligents jouent le rôle de la pancarte.

Parfois, le patron lui-même ne dédaigne pas de *faire l'article*.

Un de nos amis habitait une maison de *cocottes*.

Un soir, le patron le happe au passage.

— Monsieur, cela ne peut plus durer ainsi...

— Quoi?

— Votre conduite donc! Vous rentrez toujours seul...

— Eh bien?

— Eh bien! la consommation ne marche pas, sacrebleu! Il faut changer cette vie-là, ou je serai forcé de vous donner congé... Il ne manque pourtant pas de petites dames dans la maison !

*
* *

Le concierge d'un *immeuble* sis rue Cadet, — nous pourrions indiquer le numéro, — exige de chacune de ses locataires trois francs par semaine en échange du droit qu'il leur octroie de ne pas rentrer comme rentrait l'ami dont nous venons de parler.

*
* *

Tous les dimanches, il fait sa tournée dans les chambres.

Il a deux douzaines de locataires.

Le brave homme gagne autant qu'un conseiller de préfecture.

***

Le jour de l'inauguration du boulevard du Prince-Eugène, un garçon d'un hôtel de la rue de la Fidélité nous disait :

— Il pleut, j'aurai de la besogne demain.

— Comment ?

— Nous avons *dix-huit* demoiselles dans la maison : *naturellement* ça me fait *trente-six* paires de chaussures à cirer.

***

Ne cédez jamais à la tentation de coucher dans un *poulailler*.

Au milieu de la nuit, une ronde de police pourrait faire razzia de vos amours et les envoyer cuver leurs écarts dans une cage accrochée par l'autorité au haut du faubourg Saint-Denis.

CHAPITRE III

LA LÉGENDE DE LA COCOTTE ERRANTE

Elle avait quinze ans... *environ*.

Elle était brunisseuse.

Son patron, — homme marié et père de cinq enfants, — lui offrit un lapin sauté et un litre *à vingt* — cachet bleu

— à l'entresol d'un marchand de vin de la rue des Poulies.

Les marchands de vins ont tous des entresols pour ces gibelottes prévues par le Code.

La petite ne connaissait *le gibier* que de *réputation*.

La chose coûta au bourgeois *six francs cinquante* sur la carte, avec l'absinthe et les glorias. En cour d'assises, il n'en eût pas été quitte à si bon marché.

*
* *

Ne pouvant entretenir sa concubine sous son toit, — la loi est là, que diable ! — il la logea passage Chausson, à trente francs par mois ; seulement, il négligea avec soin de payer la seconde quinzaine.

En rentrant, le soir, la fillette ne trouva pas sa clé au clou.

Il y avait bal à la salle Barthélemy Elle y alla.

Au matin, un cabotin l'emmena souper chez Truchot.

— Dès ce moment, a raconté plus tard la *Cocotte errante*, je compris que l'amour, c'est le logement des autres.

*
* *

Aujourd'hui, elle a vingt-cinq ans.

Elle est d'une maigreur paradoxale. Sa peau a la blancheur et la froideur d'un marbre mouillé. Ses grands yeux verts menacent de lui faire le tour de la tête. Lorsque vous la complimentez sur sa chevelure, elle vous répond :

— Farceur ! si mes cheveux étaient d'or, il y a longtemps que j'en aurais demandé la monnaie chez le changeur !

*
* *

Hiver comme été, je ne l'ai jamais vue que coiffée d'un filet de chenille bleue et habillée — déshabillée plutôt — d'une robe d'orléans noir *à volants.*

La robe prend, au dessous des bras et au corsage, air et jour par plusieurs lucarnes.

Les volants, dépenaillés et blindés de boue, rappellent la cape en *dents de scie* d'un personnage célèbre de *Ruy Blas.*

Aussi Charly, — un comédien qui a de

l'esprit, alcool à part, — a-t-il sur-
nommé notre héroïne

DONA CÉSARINE DE BAZAN

Et, de fait, dona Césarine de Bazan
drape sa gueuserie avec son arrogance !...

Jàmais Anna Délion, jamais Julia Barucci, jamais Adèle Courtois, n'ont, sous
le velours, le satin, les dentelles, dans le
panier à salade ou dans le *huit-ressorts,*
promené

> D'une mine aussi noble, altière et magistrale
> La bottine éculée et les bas en spirale.

On ne lui connaît pas de *chez elle.*

Son linge, — une demi-douzaine de
chemises et de jupons, — est éparpillé

sur tous les points de Paris chez une douzaine de blanchisseuses.

L'arrière-boutique de celles-ci lui sert le plus souvent de cabinet de toilette.

Elle a un peigne dans sa poche.

Lorsqu'elle n'a couché *nulle part,* elle entre, le matin, dans une église, fait sa prière et... se débarbouille dans un bénitier !

*
* *

Un sous-officier, qui revenait de Crimée, lui donna un de ces *sacs de campement* dans lesquels les soldats dorment au bivouac.

Ce sac lui servit de lit pendant six **mois.**

Elle l'emportait *quand elle allait dans le monde*.

A la fin, elle en fit cadeau à une de ses amies *plus malheureuse qu'elle*.

— Je l'ai mise dans *mes* meubles, disait-elle.

1

Il est dix heures du matin.

Dona Césarine de Bazan entre au Café des Mousquetaires.

— Pierre ! une absinthe !

Pierre, qui est en train de jouer au

billard avec un de ses collègues, se retourne de mauvaise humeur.

— Attends un peu que la partie soit finie. Je n'en ai plus que quatorze à faire.

Puis, en servant :

— Tu sais que je sors lundi... Tâche de ne pas me faire poser, sinon je ne réponds pas de ton absinthe au comptoir.

II

Il est midi.

Les habitués arrivent.

Césarine les connaît tous.

Elle sait, sur le bout du doigt, ce qu'elle peut tirer de chacun.

— Mon petit Charles, passe-moi donc une cigarette... Je vais te prendre un peu de papier, hein, et mettre un peu de tabac dans ma blague ?...

Ou :

— Léopold, tu serais bien aimable de me prêter cinquante centimes pour ma coiffure ?

III

Il est trois heures.

Césarine n'a pas encore déjeuné ; mais un consommateur a payé son absinthe et elle a un verre à trois tables.

IV

Il est cinq heures.

Des *cocottes* sont survenues.

— Hermance, faisons-nous un bitter
au besigue?

— Tu as donc le sac?

— J'ai les dix sous de ma coiffure.

Une partie commence.

Elle est suivie de dix-sept autres.

Malheur à l'imprudent qui demande à ces demoiselles :

— Où en êtes-vous, mes enfants?

Elles lui répondront invariablement:

— *Nous ne nous faisons rien. Offrez-nous quelque chose.*

V

Il est huit heures.

On n'a pas songé à dîner.

Bah! on soupera, — au hasard de
l'œillade et du sourire.

D'ailleurs, Barthélemy va ouvrir...

Les soirs où il n'y a pas bal à Barthélemy, il y a bal au Vauxhall, ou, pour
parler l'argot de nos héroïnes, *à Pilodo*

VI

Il est neuf heures.

Dona Césarine de Bazan pénètre triomphalement dans la salle de la rue du Château-d'Eau ou dans celle de la rue de la Douane, le cigare à la bouche et les mains dans les poches. L'absinthe a

allumé des émeraudes sous ses paupières, et le bitter, des rubis sur ses pom-
mettes. L'insolence lui pend aux lèvres.
Tout d'abord, il faut qu'elle *attrape*
quelqu'un :

— Hé ! là-bas, la femme *du monde !*
as-tu fini tes *épates* avec ta *pelure* de velours de coton et ton *galurin* de cent
sous !... Va donc, grue !...— Psitt ! Hermance, *pige-moi* un peu ce bonhomme
qui a mis sécher son pantalon sur deux
queus de billard !... — Ça, un homme
chic ! c'est pas vrai ! c'est un calicot !...
— Souper avec vous ? des *nèfles !*... —
Les *panés,* y n'en faut pas !...— A Chaillot, les gêneurs !

Sa présence ainsi accusée, notre héroïne s'en va-t-en guerre, sur l'air du

Pied qui r'mue ou des *Prés Saint-Ger-vais.*

Avant le plaisir, la besogne.

Il faut qu'elle ramasse *vingt-cinq sous.*

Pour vingt-cinq sous, on a, au Café des Mousquetaires ou à celui du Théâtre-Historique :

Un hors-d'œuvre, — saucisson, sardine ou œuf sur le plat;

Un plat de viande, — côtelette de mouton, beefteack aux pommes, rosbeef ou gigot froid, veau aux cornichons, etc;

Un dessert, — confitures, fromage, mendiants ;

Une demi-bouteille de vin et du pain à discrétion.

VII

Il est **dix** heures.

Césarine *travaille*.

— Mon bébé, avancez-moi donc quinze centimes pour *mon vestiaire?* Vous serez bien gentil — et moi aussi.

Son vestiaire !

De mémoire de contrôleur, elle n'y a jamais déposé qu'un volume de Ponson du Terrail !

Encore, parce que les bouquinistes étaient fermés !...

VIII

Il est onze heures.

Césarine a répété son *truc* vingt fois
et n'a *fait four* que dix.

Elle a conquis trente sous.

Elle se promène par le bal avec la ma-
jesté et le rayonnement d'une déesse de
Virgile.

Elle va danser.

On fait cercle.

Car Dieu et le violon savent si elle *désoblige le gouvernement* par une chorégraphie anti-municipale !

— Figure-toi, nous disait-elle que, le mardi gras, j'arrive au Vauxhall en écossaise, et masquée, oh ! mais masquée... hermétiquement ! — Eh bien ! avant la fin du *cavalier seul*, tout le monde m'avait reconnue...

— Comment cela ?

— Es-tu bête !...

IX

Il est minuit.

Les soupers sévissent au Café des Mousquetaires.

Oui, mais à une heure les sergents de ville renverront tout le monde.

Jadis, certains établissements du boulevard du Temple restaient ouverts jusqu'au matin.

Il en était de même du Café Belge et de la Rôtisseuse, rue Dauphine, de Bordier et de Baratte, à la Halle.

C'était le beau temps de la *cocotte errante*.

Moraliste impitoyable, l'autorité a changé tout cela.

Tayau ! hurrah !! away !!! la chasse à l'homme va commencer.

*   *

Jamais Mohicans de Cooper en quête d'un daim ou d'un bison, jamais bohêmes de Murger traquant la pièce de cent sous n'ont dépensé autant d'ardeur, d'adresse, de ruses et de stratagèmes.

Une nuit qu'il pleuvait, j'ai entendu

notre héroïne, avec des larmes à attendrir un poulet de Tavernier ou de Catelain, supplier un cabotin de la Gaîté de lui permettre de dormir *sur sa malle,* dans son antichambre !

X

Il est une heure du matin.

Césarine est sortie *bredouille*.

L'un n'a pas le sou, l'autre a une maîtresse. Celui-ci a un rôle à étudier,
celui-là un article à écrire. Un troisième
possède un portier inflexible. Un qua-

trième n'aime pas les blondes, etc., etc.

Césarine avise un passant :

— Monsieur, seriez-vous assez galan pour me reconduire?

— Où cela?

— Chez vous... Oh! soyez tranquille, je ne ronfle pas.

Quelquefois, le passant est miséricordieux... et garçon.

Dans ce cas, il ne manque pas aux environs du chemin de fer de l'Est, — passage de l'Industrie, passage Brady, passage Neveu, etc., etc., — de petits hôtels où *l'on ne demande pas les noms...*

Dans le cas contraire, Césarine prie sa victime de lui offrir le bras jusqu'à *chez elle*.

Ce *chez elle* fantastique est situé en Es-

pagne,— dans les brouillards de la ban-
lieue.

Alors a eu lieu une course folle, fu-
rieuse, enragée, des Ternes à Bercy, de
Vaugirard à Batignolles, de Grenelle à
Ménilmontant !

Césarine marche comme un chasseur
à pied, comme un zouave, comme un
turco !

Tenez-le pour certain, elle ne lâchera
son cavalier qu'éreinté, poussif et fourbu,
à l'heure où, au faubourg Montmartre,
sourit aux balayeurs le caboulot de la
Consolation.

. . . .

. . . .

Il y a, comme cela, *six cents* COCOTTES ERRANTES dans Paris.

Pour rester honnêtes filles, tout leur a manqué.

Pour devenir courtisane à la mode, il ne leur a manqué qu'une robe de soie.

CHAPITRE V

OU ELLES PICORENT

CHAPITRE V

OU ELLES PICORENT

Les *cocottes* picorent :

I

A LA CRÈMERIE.

La crèmerie est un paradoxe parisien!

On y trouve :

Une liqueur noirâtre et bourbeuse qui induit le public en chicorée sous prétexte de café.

Du chocolat en sciure de bois qui laisse un warech bleu au fond des tasses;

Des œufs frais retrouvés dans les fouilles d'Herculanum;

Des beefteacks qui, de leur vivant, ont servi dans la cavalerie;

Du veau décédé avant de venir au monde;

Du riz hydropique;

Des ragoûts méotides;

Du vin de campêche;

Du cognac moins fort que Vigneron;
Et

De jeunes clercs de pharmaciens, de jeunes attachés d'épicerie et de jeunes chevaliers du mètre, lesquels posent le soir en gentlemen, en boyards et en hidalgos, à Mabille et au Casino.;

Les courtiers en bijoux, danseurs *rétribués* de ces deux bastringues en vogue;

Des merlans philosophes, coiffant ces dames *à l'œil*, les tutoyant et ayant chez elles des entrées *de faveur;*

**
* **

Des élèves du Conservatoire, — Capouls en herbe et Gourdins en espérance;

Des littérateurs marrons;

Des Mercadets de la petite Bourse;

Des chevaliers d'ordres inconnus autre part qu'à la sixième Chambre;

Tout enfin, tout, tout, tout... hormis

de la crème, — même celle des honnêtes gens.

*
* *

Les *cocottes* brochent sur ce tout.

On achève en ce moment d'abattre
une crèmerie de la rue de Bellefond,
expropriée depuis dix-huit mois.

Les murs sont encore rouges de ce
qu'ils ont entendu l'année dernière.

II

AU BOUILLON.

La physionomie de ces restaurants populaires est assez connue pour que nous nous abstenions de l'esquisser.

La *cocotte* y appelle le garçon *monsieur*, et la fille *ma biche*.

Par fois, le provincial qui est venu, par économie, manger chez Duval, voit s'installer à sa table une *cocotte* timide, modeste et pincée.

Mieux lui vaudrait s'en être allé dîner chez Péters ou chez Bignon!

III

AU PALAIS-ROYAL.

La *cocotte* qui *balthazarde* à quarante sous au Palais-Royal, compose ainsi son menu :

Potage à la bisque,

Homard,
Sole au gratin,
Raie au beurre noir,
Turbot à l'huile.
Ensuite elle va à la Reine-Blanche.
Faut-il adorer la marée!

IV

AU CAFÉ.

Nous avons déjà parlé du

CAFÉ DES MOUSQUETAIRES.

Il est connu dans Paris comme Men-
gin et Henri Delaage.

Ses soupers à un franc vingt-cinq réunissent à minuit bon nombre de comédiens du boulevard du Temple, de rapins ès-lettres, de peintres, de sculpteurs, etc., etc. Nous y avons rencontré Durandeau, Eustache Lorsay, Henri de Kock, Omer, Hervé, Boutin, Darcier, Privat d'Anglemont, Darthenay, etc.

Aujourd'hui, M. Lefebvre, le Larigole du théâtre Brisebarre, y est la coqueluche du beau sexe.

Une vilaine maladie, la coqueluche!

Son voisin, le

CAFÉ DU THÉATRE-HISTORIQUE

ancien café du Théâtre-Lyrique, a les mêmes habitués et les mêmes habitudes. Mlle Boisgonthier l'honore de son embonpoint.

*
* *

La pioche de l'édilité publique a démoli, non loin de l'ancien Cirque-Impérial, le

*
* *

CAFÉ DES ARTISTES.

Oisif depuis les temps bibliques, le feu du ciel eût pu se charger de ce soin.

Dans un autre quartier, le

CAFÉ DES PORCHERONS

a la spécialité des déjeuners à un franc cinquante.

Les *cocottes* des rues Lamartine, Cadet, Bleue, Rochechouart, de Bellefond, etc., trouvent moyen de faire durer un déjeuner de midi à huit heures du soir.

Pierre Petit, photographe de l'épiscopat français, a longtemps encanaillé dans cet établissement son jabot, ses manchettes et sa barbe.

V

A LA BRASSERIE.

Des Martyrs,
Du soixante-six,
Bavaroise,
Lamartine,

Koch,

Etc., etc, etc.

J'en passe, — et qui ne sont pas des meilleures.

Les *cocottes* y soupent à l'allemande, — bière, choucroute et cervelas : ça vous coupe la... bouche à quinze pas !

Consacrons un chapitre spécial à

CHAPITRE VI

LA TABLE D'HÔTE.

CHAPITRE VI

LA TABLE D'HOTE.

La table d'hôte fleurit particulièrement à Montmartre.

Ne nous arrêtons pas aux bagatelles de la descrip'ion.

Dramatisons! dramatisons!

*
* *

AVANT LE DINER.

UN MONSIEUR COMME IL N'EN FAUT PAS. — Philippe! va-t-on bientôt *becqueter?*

LE GARÇON, *sèchement.* — Quand ces dames seront arrivées.

LE MONSIEUR. — Dirait-on pas qu'on ne peut pas vivre sans elles !...

LE GARÇON, *mezza voce.* — Dame! ça te serait bien difficile, à toi!

*
* *

PENDANT LE DINER.

M. CAZABON. — Madame Nini, vous offrirai-je du potage?

Nini. — Avec amour. (*Mangeant.*) Tiens, qu'est-ce que je trouve dans mon assiette? Une paire de lunettes!...

La maitresse de la maison. — C'est mes conserves qui seront tombées quand j'ai salé le bouillon...

Un farceur. — Du moment qu'il n'a pas d'yeux, le bouillon, je ne vois pas ce qu'il peut faire de lunettes.

M. Cazabon. — Rassurez-vous, madame Lenfant : l'or est inoxydable.

Julia *à Amandine*. — Comme ça, cette pauvre Angèle est là-bas?

Amandine. — Ne m'en parle pas. Elle était au café Coquet à prendre un grog avec Anatole. Voilà un monsieur qui passe, qui avait l'air d'un homme sérieux, avec des cheveux blancs et une montre... — Il lui offre une voiture, elle accepte, un cocher arrive et... emballée ! Le monsieur était un inspecteur.

Julia. — Qu'est-ce que va devenir Anatole?

Amandine. — Le monstre ! il est déjà collé avec Rachel.

Un monsieur gras a un jeune homme maigre. — Et votre pièce, monsieur Ladislas?

Ladislas. — Elle est reçue, parbleu !

Le monsieur. — Aux Français?

Ladislas. — Non, à Beaumarchais... Thierry est désolé. Il m'avait offert six mille francs de prime; mais, vous savez, les comédiens ont toujours repoussé les poètes... Ah ! quand je serai directeur...

Amandine. — Vous m'engagerez, n'est-ce pas, mon petit Ladislas? Je vous ferais des bassesses pour débuter dans une féerie, avec une jupe courte...

Ladislas. — Madame, la féerie est la mort de l'art : on ne jouera pas de féerie dans mon théâtre. Venez toujours me voir, 39, rue du Sabot, au cinquième, je vous ferai dire les imprécations de Camille, et, si vous avez des dispositions, je vous présenterai à Ricourt.

Julia, *bas à Amandine.* — Méfie-toi, ma biche. Ces auteurs, c'est tous des monteurs de coups.

Une dame. — Qu'est-ce que nous avons pour rôti, monsieur Cazabon ?

M. Cazabon. — Du gigot et des haricots, belle dame. Vous en offrirai-je

La dame. — Oh ! non. Je vais ce soir aux Variétés; Léon Cogniard m'a donné une loge...

Le farceur. — Et vous craignez les résultats, ça se comprend. Les haricots, c'est si bavard !

NINI, *à un rapin.* — Mon petit Parapet, mettez donc plus de poivre dans la salade.

LE RAPIN. — Vous en avez donc besoin, vous, ô Nini?... Ah! si seulement une matelotte pouvait ne pas vous être indifférente, à Saint-Ouen, en compagnie de deux lapins, dont un sauté!... Là, vrai, parole d'honneur, vous êtes torchée comme un Véronèse!...

NINI. — Véronèse vous-même, entendez-vous?... Le plus souvent que j'accepterai vot' matelotte!... Est-il assez infect, ce Parapet!

UNE COCOTTE, *à côté du monsieur pas comme il faut, payant.* — Pour Alfred et pour moi.

APRÈS LE DINER.

TOUTES LES COCOTTES. — Mistron ! mistron !

LE GARÇON, *apportant des cartes.* — Voilà ! voilà !

TOUS LES HOMMES. — Si nous allions en *griller une ?*

CHAPITRE VII

LES AVATARS

CHAPITRE VII

LES AVATARS

Semblable aux dieux de la mythologie indoue, la *cocotte* s'absente parfois de son corps pour revêtir une individualité différente.

C'est à cette fantaisie d'*avatars* que nous devons :

La cocotte huppée,

La cocotte de lettres,

La cocotte artiste.

Donnons un rapide crayon de chacune de ces trois physionomies.

I

LA COCOTTE HUPPÉE.

Cette variété de l'espèce se rencontre
généralement sur les hauteurs cythé-
réennes du quartier Bréda.

Son appartement lui coûte — à elle

ou aux autres — de quarante à soixante-dix francs par mois. On y admire une étagère chargée de bibelots gagnés sur l'Angleterre au billard polonais et une armoire à glace, — d'aucunes prononcent *ormoire*, — placée en face d'un sopha qui rappelle celui de Crébillon fils.

C'est pour elle que la mode a inventé ces filets flamboyants dont la grille emperlée semble avoir peine à retenir des orchytes de cheveux factices; ces chapeaux mousquetaires que couronnent des parterres de fleurs et de fruits, des panaches dévergondés flottant au vent comme des enseignes, des rubans longs et larges à l'égal d'une rue de Rivoli; et ces plaids rouges, ces capes écarlate, ces mantes cramoisi qui font ressembler leurs propriétaires à des couchers de soleil de Marilhat.

La *cocotte huppée* a du linge... extérieur : voyez plutôt son jupon tuyauté et le lac de guipure dans lequel son cou est noyé.

La ceinture dorée à boucle grosse comme une assiette, le bas de soie rose et le brodequin à lacet de couleur lui sont pareillement familiers.

On en a rencontré qui possédaient jusqu'à trois robes de soie !

Mais elles portaient des gants à vingt-neuf sous.

*
* *

La *cocotte huppée* affectionne les restaurants à prix fixe des passages de l'Opéra, Jouffroy, des Panoramas, etc., etc

et aussi les tables d'hôte dans le genre
de celle de

CLÉMENCE,

Ne confondez pas celle-ci avec son
homonyme, autrefois rue de Bondy,
maintenant boulevard de Strasbourg.

L'établissement dont il s'agit est situé au haut de la rue de La Rochefou-
cauld.

On y est suffisamment nourri pour
trois francs, — café et jardin compris.

La société y est propre, décente et de
conversation sérieuse.

On y compte nombre de jeunes littérateurs et de jeunes avocats dont les
parents *ont le sac*, — ce qui, naturellement, les dispense d'écrire et de plai-
der.

Lemercier de Neuville m'y a montré le neveu d'un homme d'Etat considérable.

*
* *

Manon Lescaut fut la première *cocotte huppée*.

Aussi les nôtres ont-elles chacune un Desgrieux — ou deux

*
* *

Le petit X... du théâtre *des Champs-Elysées*, le bel Eugène à la Reine Blanche, M. Pyrame au Casino, — et bien d'autres, — pourraient nous servir de documents en chair et en... arêtes.

Je demandais à une *cocotte* :

— Pourquoi vous accoquinez-vous de ces m...ssieurs?

— Mon cher, me répondit-elle, nous avons toutes besoin de quelqu'un que nous puissions mépriser.

II

LA COCOTTE DE LETTRES.

En guise de côtelette, un amant lui a donné à dévorer... la *Vie de bohême.*

Dès ce moment, elle s'est imaginé que le *pain béni de la gaieté* pouvait se cuire sans four et se faire sans farine.

Ce n'est plus une femme : c'est une coterie, une chapelle, une école.

Princesse, elle jouerait avec des académiciens des comédies de l'*Ecole du bon sens.*

*
* *

Bas-bleu, elle fonderait un journal de modes avec Arsène Houssaye et Catulle Mendès.

*
* *

Bourgeoise, elle commenterait Saint-Jérôme et publierait un volume avec son portrait photographié en tête.

*
* *

Cocotte, elle soutient du bec et de l'ergot qu'il n'y a de par le monde que trois poëtes : Pierre Dupont, Gustave Mathieu et *son* Fernand...

O *son* Fernand, tous les biens de la terre,
Pour être à toi, son cœur a tout donné !

La *cocotte de lettres* affiche dans sa mise une noble insouciance.

Fernand brasse de la *copie*...

Quand son poème sera fini, son drame reçu, son roman édité, il sera temps d'acheter un cachemire, des diamants et des bottines.

Le grand Corneille n'avait-il pas un trou à son soulier !

La *cocotte de lettres* abonde au

PAILLASSON.

Ce cabaret, perdu sur le chemin de ronde de l'ancienne barrière des Martyrs, tire son nom du *paillasson* dont a été habillé jusqu'à mi-corps le mur de la *salle à manger*, de peur que son tempérament lymphatique et chlorotique ne se communiquât aux consommateurs.

* *

Citons au nombre de ceux-ci Duchêne, le défunt Junius du *Figaro*, Delvau, le continuateur de Privat d'Anglemont, Cladel, l'auteur des *Martyrs ridicules*, Castagnary, le critique d'art du *Courrier du dimanche* et le correspondant du *Progrès de Lyon*, etc.

Mais le plus bel ornement du *Puillasson* est sans contredit mademoiselle

HÉLOISE

une blonde étouppe qui, autrefois, charma les jours d'un musicien de talent déterré au bal Robert par feu Victor Mabille.

*
* *

In illo tempore, Mlle Héloïse zézayait agréablement.

Et elle ne mettait pas plus de temps à dire à son amant : *La garde meurt et ne se rend pas!* que n'en mettrait un cheval de fiacre à gravir la chaussée des Martyrs.

Aujourd'hui, elle chante des romances...

V'là son caractère!

* *

Dans un ordre de cuisines un peu plus élevé, nous retrouvons la *cocotte de lettres* à la

BELLE-POULE.

— Pourquoi la *Belle-Poule?*

— Probablement pour attirer les coqs.

Et les coqs sont venus, — ceux de la *Revue française*, ceux de la *Revue fantaisiste*, ceux de la *Revue internationale*, ceux de toutes les revues enfin, — celle des *Deux Mondes* excepté.

Barbey d'Aurevilly y a rencontré le

héros de son dernier roman, le *Chevalier
Deslouche*.

Habitué à vivoter dans l'auguste familiarité du nonce Chigi, de monsei-
gneur de Mérode et du cardinal Anto-
nelli, Massenet de Marancourt s'y dé-
lasse de leurs confidences politiques en
batifolant avec la naïve Mimi et la vo-
lumineuse Louise

Poulet-Malassis, un libraire intelli-
gent à qui il n'a manqué que d'éditer
Feydau, Gandon ou Vermorel, s'y con-
sole des déboires du *métier* dont il eût
voulu faire un *art*.

Arthur Louvet, l'agha des janissaires
de Vacquerie, y agite sa barbe à reflets
d'incendie.

Villiers de l'Isle-Adam y proclame
Babou un grand critique ; Babou y pro-

clame Villiers de l'Isle-Adam un grand poète.

Enfin, Eugène Potrel, le *tombeur* de Renan, y vient de temps en temps mépriser l'humanité.

*

* *

Il y a encore à la *Belle-Poule* des avocats, des peintres, des sculpteurs.

Ces derniers ont la spécialité des calembours, des *queues de mots* et des *à peu près*.

*

* *

J'en ai entendu un demander :

— Savez-vous le nom du ministre célèbre dans l'histoire de France sur lequel Rigolboche a fait sa pelote ?

— Non.

— Eh bien, c'est SULLY.

Mentionnons la présence de la *cocotte
de lettres* chez

DINOCHAU.

La réputation de ce Médicis culinaire
est européenne.

Le monde entier, depuis Monselet
jusques à Glatigny, s'est léché d'avance
les babines au fameux : LA DÉBOUCHE-
T-ON?

Dinochau tutoie tous les talents, tape
sur le ventre de toutes les illustrations
et donne des poignées de main à tous
les génies de l'époque.

Il est vrai que cette dernière familiarité ne lui a pas encore entamé l'épiderme.

Aphorisme : Chez Dinochau, la *cocotte* écoute et ne parle pas.

III

LA COCOTTE ARTISTE.

— Serrez les journalistes ! voilà les comédiens qui arrivent !

Serrez votre maîtresse surtout, si cette maîtresse est une *cocotte !*

Il est certain, en effet, que Dumaine

rendrait vingt-deux femmes en vingt-quatre à don Juan, que Lovelace n'est qu'un Sarcey auprès de M. Febvre, et que Raynard, dans le bossu des *Chevaliers du Pince-Nez*, éclipse Richelieu de tout l'éclat de ses conquêtes.

On avait remarqué, dans les soirées du demi-monde, que Mlle Blanche L..., actuellement l'une des biches les mieux portées de l'aristocratie lorettière, — mais ancienne *cocotte*, — ne se décolletait jamais les bras au-dessus du coude.

Ce mystère intriguait sensiblement le Jockey-Club.

Grâce au duc de Z..., il a été éclairci, cet été, aux bains de Dieppe.

Mlle Blanche L... porte, au-dessous de l'épaule, tatouée en lettres bleues sur la moire rosée de sa peau, cette phrase compromettante,—réminiscence des anciens jours :

J'ADORE TACOVA.

*
* *

La *cocotte dramatique* a toujours dû débuter quelque part.

Sa noble famille, des circonstances adverses et l'influence jalouse des actrices qu'elle allait infailliblement écraser, se sont seules opposées à sa vocation et à ses succès.

Entr'acte vivant, *Figaro-Programme* en crinoline, elle connaît la distribution de toutes les pièces jouées sur tous les théâtres de Paris, avec le nombre d'actes et de tableaux, et vous apprendra au besoin la date de la première représentation de la *Moresque* à la Porte-Saint-Martin, ou celle des débuts de M. Hittemans aux Variétés.

*
* *

Jésus chassa les vendeurs du temple.

Les démolitions en chassèrent nos héroïnes.

Elles se sont réfugiées au café de l'Ambigu et au café de la Porte-Saint-Martin.

C'est là que l'on peut assister tous les soirs au mazagran de Stella-la-Nomade, qui, semblable à Cromwell, ne couche jamais trois nuits de suite dans la même chambre ; des deux sœurs juives de la rue du Grand-Prieuré, et de l'antique Albertine, dite *Albertine-Biniou*, à cause de son nazillement et pour la distinguer de l'ex-rédactrice en chef d'une feuille fort répandue... en police correctionnelle.

* * *

Quelques *cocottes* séculaires et décaties prennent leur nourriture chez

CLÉMENCE

Cette Clémence, *la mère des artistes*, tenait jadis, au quatrième étage d'une vieille maison de la rue de Bondy, une table d'hôte d'un aspect pittoresque, original et saisissant.

Carjat en avait illustré les murailles de charges et de quatrains.

L'hôtesse tutoyait tout le monde, et tout le monde le lui rendait.

Aujourd'hui, ses salons du boulevard de Strasbourg sont presque convenables.

On y coudoie des boursicotiers et des gandins. Tous les gêneurs ne sont pas à Chaillot.

Et les médaillées de Sainte-Hélène de la galanterie n'y viennent plus attirées par les charmes fascinateurs de Dumaine, d'Omer, de Clément Just ou de Léon Leroy, mais bien par les émotions du *trente-et-un*...

Au *trente-et-un*, Pélagie perdrait sa petite nièce, — espérance de ses vieux jours !. .

CHAPITRE VIII

LA COCOTTE D'ATELIER

Alcide Dussolier nous présenta un jour une *cocotte* qui avait posé pour la Phryné de Gérôme.

Auprès d'elle, Calino pourrait passer pour Alexandre Dumas fils.

Tout peintre a pour maîtresse Joséphine Prudhomme.

Allez plutôt déjeuner ou dîner dans l'arrière-cuisine de

PAVARD.

L'effigie du bonhomme, en plâtre et assez ressemblante, ma foi, a beau se dodeliner devant ses fourneaux, sur un socle entouré d'amours...

Ses plats ont beau se recommander par une sorte de copiosité et de succulence...

Pas une des *cocottes* qui s'y attablent n'a la chance de sortir du commun, — même par un gros ridicule.

Il y a pourtant, chez Favard, une *cocotte* étrange.

On la nomme Anaïs.

Pâle, muette, immobile, elle fume un trabuco ou tette à même les bouteilles. Ses yeux de diamant noir n'ont que des flammes intermittentes. Rien ne semble plus vivre en elle. Momifiée, parcheminée, rigide comme un bois, une pierre, un marbre, Hoffmann, Achim d'Arnim et Adalbert de Chamisso n'hésiteraient pas à la revendiquer pour une de leurs filles-spectres ou de leurs héroïnes qui se remontent avec une clef dans le dos.

Voilà où l'a conduite la fréquentation des peintres !

*
* *

Il nous serait facile de vous conduire, avec les *cocottes d'atelier*, des cafés Coquet et de la Nouvelle-Athènes, de la brasserie des Fleurs et de l'estaminet du *Rat mort*, aux bals de la Reine-Blanche, de la Boule-noire, Robert, de l'Elysée-Montmartre et du Casino de Batignolles...

De même, nous pourrions vous promener de Bourdon à Dourlans, en traversant Barthélemy et le Vauxhall...

Mais nous nous sommes fait une loi de ne pas toucher aux chorégraphies parisiennes.

*
* *

Il y a tout un livre à écrire sur ces antipodes de Mabille où poussent, champignons de la contredanse, des Rigolboches inexplorées, des Rosalbas inédites et des Finettes exotiques.

La *cocotte* du sculpteur n'offre pas plus d'originalité que celle du peintre.

La preuve, c'est que Franceschi s'est marié.

*
* *

Quant à celle du musicien, elle nous est aussi inconnue que la caisse d'épargne.

Nous nous informerons près de Giunti Bellini et de Paul Blaquières.

———

Avant de conclure, il me vient un scrupule d'orthographe.

Littré imprime le mot *cocotte* avec un seul *t cocote*.

Et voici les savantes explications qu'il donne sur les sens divers de ce vocable :

Cocote. — Terme enfantin pour désigner une poule ; — petit carré de papier plié de manière à présenter une ressemblance *éloignée* avec une poule. — Terme d'amitié donné à une petite fille : *ma cocote ;* — et quelquefois à une grande dans un sens *un peu libre.* (Vous êtes bien bon, charmant Littré !)

Dénomination populaire d'une légère inflammation du bord des paupières.

Exemple de cette dernière acception :

ENTRE DEUX DAMES

— Dis donc, Coralie, Alphonse veut

m'éduquer, à ce qu'il dit, il vient de me donner un dictionnaire. Est-il bête !

— Pourquoi donc ? c'est si beau, l'éducation !

— Sais-tu ce qu'il dit son dictionnaire ? j'y ai cherché **le mot cocotte !**

— Eh bien ?

— Une petite maladie qui s'attrape à l'œil.

— *A l'œil !* plus souvent, en voilà une farce !

—

Larchey, le savant auteur du *Dictionnaire des excentricités de la langue française*, est mieux au courant que M. Littré. Voici son explication :

Cocotte, femme galante. Ce terme, déjà connu en 1808, répond exactement à un mot tombé en désuétude. Nos pères di-

saient une *poulette*. Or, poulette et cocotte ne font qu'un, car on appelle aussi
les poules cocottes.

CONCLUSION.

Une *cocotte* et une *biche* se prennent
de bec.

Après quelques menues invectives, la
cocotte s'écrie :

— Tenez, voulez-vous que je vous
dise ? Eh bien ! vous êtes une malheureuse ! vous vous donneriez pour un
louis !

— Vous êtes encore bien plus malheureuse, vous ! riposte la *biche*, vous
vous donneriez pour rien !

TABLE DES MATIÈRES

—

		Pages
Chapitre Iᵉʳ. — Définition, Origine, Histoire		5
Chapitre II. — Géographie, Ethnographie, Photographie.		55
Chapitre III. — Les Poulaillers		55
Chapitre IV. — Les Cocottes errantes.		55
Chapitre V. — Où elles picorent.		69
— 1° — La Crèmerie.		69
— 2o — Le Bouillon		73
— 3o — Le Palais-Royal.		75
— 4o — Le Café		77
— 5o — La Brasserie.		81
Chapitre VI. — La Table d'hôte.		85
Chapitre VII. — Les Avatars.		95
— 1° — La Cocotte huppée.		97
— 2° — La Cocotte de lettres.		103
— 3° — La Cocotte artiste.		113
— 4° — La Cocotte d'atelier.		119
Conclusion.		127